# 「今日」というチャンスを生きる

## あなたに届くイエスの福音

レナト・フィリピーニ　著

サンパウロ

80歳を迎えた愛する父パオロへ

Al mio caro papà Paolo nel suo 80esimo compleanno

# 序　文

　イエスがこの地上に生まれた時、天使は、「今日、ダビデの町に、あなた方のために、救い主がお生まれになった」（ルカ2・11）と羊飼いたちに宣言しました。クリスマスの日にはイエスの誕生が祝われますが、その日からイエスが私たち人間と共に歩き始めていきます。私たちと同じように、毎日、働いたり、食べたり、疲れたり、笑ったり、休んだりしています。イエスが毎日、付き添ってくれるというのは、私たち一人ひとりが一人ぼっちではないと力づけてくれるメッセージ、福音です。「福音」とは、イエスが説いた福音をはじめ、イエス自身を通して実現された「よい便り」ということを示しているからです。具体的には、「あなたは神に愛され、あなたを大切にし、人生の道を共に歩むように招くことを切に願っている」と大胆に述べ、あらゆる人を受け入れました。イエスの招きを受け入れた人びとは、生きる力を与えられ、新たに出発することができたのです。

　福音書が書かれたギリシャ語には、時間と時を表

すために二つの言葉があります。「クロノス」と「カイロス」。「クロノス」というのは時計のことです。時間と時刻、月々とその流れのことです。私たち人間は時間の流れの中で動いているし、生きていきます。例えばたった５分と言っても、気に入った音楽を聴くとき、「あと１分ぐらい聞こう」と思いながらも、あっと言う間に１時間がたってしまったという体験があるのではないでしょうか。一方、バスか電車を待っている時は、同じ５分をなんと長く感じることでしょう。同じ５分ですが、その時間を過ごす人とその気持ち、またその環境によってずいぶん違います。

　「カイロス」は機会とチャンスという意味です。時間の経過ではなく、時間の意味とその過ごし方を表しています。密度の高い時間と体験。また、カイロス的な時は気づきとひらめき、成長のための促しと刺激の時間と機会です。そして、訓練と鍛錬のときという意味も込められているのです。

　一人ひとりの人生は数えきれない「今日」から成り立っているし、築かれていきます。カイロス的な毎日を新たに迎え、生きていくためにイエスの福音があなたに届きます。イエスの福音があなたの生き

る力となり、あなたの人生に希望と光を与えること
を心から祈ります。「今日」、この本を手に取ってい
るあなたが、これからそのページをめくるたびに、
イエスがあなたの人生に寄り添い、あなたと共に毎
日歩んでいるカイロス的「今日」を実感できる機会
になれば幸いです。

　最後にこの本の出版にあたり、私の日本語の原稿
を柔らかく読みやすい言葉にするためにお手伝いく
ださった純心聖母会のシスター北村央に心から感謝
します。


　　キリストの降誕祭をひかえて
　　　　2023年12月15日

　　聖サベリオ宣教会
　　　　レナト・フィリピーニ神父

# 目　次

# 1 今日のチャンス

「今日、ダビデの町に、あなた方のために、救い主がお生まれになった。この方こそ、主メシアである」。(ルカ2・11)

　毎年12月24日の夜、日本では多くの人がキリスト教の教会でミサや礼拝にあずかります。ショッピングセンターと違って、教会には服も化粧品もアクセサリーも見当たりません。しかし、人生の方向性や人生に足りない何かを探し求めている人たちに応えることができるように、教会の扉は開かれています。今まで明確な招待や導きに出会わなかったかもしれません。今日が勝負の時なのです。今度こそ、チャンスをつかむことができますように。

## 2 人間性を味わい始める

「あなた方は、産着にくるまれて、飼い葉桶に寝ている乳飲み子を見出すであろう」。*(ルカ 2・12)*

　飼い葉おけに寝かされた幼子の生涯は、人間の世の中を生き抜いていくことになります。イエスのこの世での生涯は、うれしいときも苦しいときも、また、にぎやかな雰囲気に包まれたこともありました。周りの人々は、不安を抱いたり、理解しなかったり、裏切ったりして、イエスは、ある時には孤独も味わい、体験しました。

# 3　人生を導く星

「わたしたちはその方の星が昇るのを見た……」。
（マタイ 2・2）

　キリストの降誕祭、つまりクリスマスは、私たちの人生に間違いなく星が輝いているということを教えてくれます。暗闇にいる人間にも、キリストの誕生によって光がもたらされます。暗闇の中の光となったイエスは、不安ばかりの私たちの歩みを照らし、導いてくれる人生の指針です。その光は、12月24日の夜だけではなく、1年365日、人生の歩みを照らしてくれるのです。

# 4　イエスと私たちの人間性

「幼子は成長し、たくましくなり、知恵に満たされた。神の恵みがその上にあった」。(ルカ2・40)

イエスはこの地上に生まれてから、十字架にかけられて亡くなるまでの約30年間、罪以外すべての面で人間としての日常生活を送りました。私たちは人生の目標にたどり着くまで、さまざまな体験をしていきます。イエス自身が人間性においてあらゆることを体験したので、私たちに共感することができます。私たちの日常生活が尊いものであるのは、イエスがこの地上に生まれて生活したということが根拠になるのです。

# 5 いま、ここ

「わたしは代の終わりまで、いつもあなた方とともにいる」。(マタイ 28・20)

このイエスの言葉は、「死んだあと」という未来への約束ではなく、「いま」「ここ」で実現し始めるのです。「いつも」という表現は、ある瞬間だけではなく、この地上に暮らしている間、毎日、ずっと一緒に存在してくれることを意味します。そして、「代の終わりまで」という言葉は、絶え間なくつながっているという約束です。イエスは「いま」と「ここ」によって私たちの現実に心を配り、共におられ、友となって人生の歩みに付き添ってくれるのです。私たちが苦しんでいるときにも、孤独と不安を抱えているときにも一緒に寄り添い、一緒に支え続けてくれる、とイエスは誓ってくれたのです。

# 6　人生の畑に宝

**「天の国は畑に隠された宝に似ている。それを見つけた人はそれをそのまま隠しておき、喜びのあまり、行って自分の持ち物をことごとく売り払い、その畑を買う」。**（マタイ 13・44）

　人生という畑にいくつかの宝が隠れていると思います。その宝とは有意義な出会い、つまり人、本、出来事や自分にとっての人生の転機などです。自分を驚かせる発見や気づきをしたとき、そのチャンスをつかみ、それを核にして、自分自身の人生を形成することです。全部の持ち物を売り払ってでも、後悔はないほど、価値のある発見ですから。人生において根本的な選び取りを行うために、その他のことを失う悲しみより、その選びのうちにあふれる喜びを想像してみましょう。

# 7　現場で呼びかけに応える

「イエスはさらに進み、マタイという人が収税所に座っているのをご覧になり、呼びかけられた、『わたしに従いなさい』。すると、彼は立ち上がってイエスに従った」。(マタイ9・9)

　昔、先生になりたい人たちは、ある先生の所に行って教えを習い、何カ月か何年間かを経て、先生になるものでした。そして、どの先生について教えを受けるかは自分で選びました。

　しかし、先生であるイエスは、自分自身が弟子を選びました。決まった日に応募してきた人を面接したわけではありません。イエスは自ら呼びたい人の生活する場所に行って、その人々を選びました。今日も、私たち、一人ひとりの置かれている現場で、イエスが呼びかけてくださいます。日常生活がイエスから呼びかけを受ける舞台なのです。

# 8 現在は踏切台

「弟子たちはイエスに尋ねて言った、『ラビ、この人が生まれつき目が見えないのは、誰が罪を犯したからですか。この人ですか。それとも、この人の両親ですか』。イエスはお答えになった、『この人が罪を犯したのでもなく、両親が罪を犯したのでもない。むしろ神の業がこの人のうちに現れるためである』」。(ヨハネ9・2-3)

人生の途上にいる私たちは、「過去のせいで今の私になっている」や「罰として苦しみが与えられている」と思ったり結論づけたりすることが時々あるのではないでしょうか。これは、現在の苦しみや病気などを「自業自得」としてしか捉えていないからだと言えます。しかし、私たちは今からでも新しいスタートを切ることが可能です。そこから生まれる変化と新たな命をもたらすのは、神の創造の力です。それを信じるとき、現在は人生への踏切台となり、ここから未来をかいま見ることができるのです。

# 9　人生という旅

「イエスは付近の村々を回って教えておられた。そして、十二人を呼び寄せ、二人ずつ宣教に遣わすことを始められた」。（マルコ6・7）

　登山には、二つの姿勢が必要です。目の前にそびえる山の頂上を見ることと、足もとを見ることです。頂上を見つめるだけでは、どこへも行くことができませんし、足もとを見ないで踏み出すと、崖の下に落ちる危険性があるからです。反対に、足もとだけを見て進むと、目的地にたどり着くことができません。ですから、登山の際には、この二つのバランスをとることが基本となります。人生の道を歩みながら、その二つの姿勢を維持し、遭遇する出来事に適応することも大切なのです。さあ、一歩を踏んでいきましょう。

# 10 人生の道端

「ティマイの子で、バルティマイという目の見えない物乞いが、道端に座っていた」。(マルコ 10・46)

人生に対して、本当に見ようとしていない時があります。自分が落ち込んでいる、孤独で先が見えないとき、前進できず、まさに、人生の道端に座っていると言えるでしょう。しかし、私たちには、自分の道を歩みながら、自分の人生の主人公になるという一生の目的があるのです。

# 11 つまずきながらも

「イエスは、弟子たちがこのことについて不平を言っているのに気づいて、仰せになった、『わたしの話があなた方をつまずかせるのか』」。(ヨハネ6・61)

「つまずく」とは、通常の歩行がある物によって妨げられるという物理的な意味ですが、非常識な考えや物事が原因で「つまずく」、すなわち「挫折する」という精神的な意味も持ち合わせています。イエスの福音のメッセージに「つまずかない」キリスト者はいないはずです。なぜなら、それは一回限りの選択ではないからです。私たちは人生を生きる上で、出会いや経験といったできごとを通して、イエスに従うか離れるかという決断を頻繁に更新しているのです。

# 12　いのちの神

「神は死者の神ではなく、生きている者の神である」。(ルカ 20・38)

　信仰は、私たちが人生を終える際、死後の不安がないようにするためだけに持つのではありません。信仰心がある人には、常にそばにいてくださり、私たちを受け入れてくださる神がいるという確信があります。信仰は生きている間の支えとなり、人生の方向性を示し、人生の荒波の中で羅針盤の役目を果たしてくれます。神は、私たちの悩みや願いを聞いたり、相談を受け付けたりしているだけではありません。神は、人生に同行し、付き添ってくださる存在なのです。

# 13 忠実であること

「ごく小さなことに忠実な者は、大きなことにも忠実であり、ごく小さなことに不忠実な者は、大きなことにも不忠実である」。（ルカ 16・10）

　私たちは、親、夫、妻、子ども、友人として、「どれだけ成功しているか」や「どれだけ完璧に近づいているか」などと考えがちではないでしょうか。「忠実であること」は、成功することや完璧に実行することとは違います。それは、毎日地道に積み重ねていくことなのです。忠実な者になるために、挨拶や奉仕などの「心のこもった」行いを身につけることが大切です。この行いは単なるこだわりではなく、繰り返すことによって自分自身が強められていく欠かすことのできない行いなのです。

# 14　現在の意識

　「わたしがあなた方に言っていることはすべての
人に言っているのである。目を覚ましていなさい」。
（マルコ 13・37）

　「目を覚ましていなさい」と喝を入れるような言
葉で、その目的は日々の生活に流されないように、
生きている私たちが意識するためです。過去への後
悔や未来への不安が私たちを現在から離させます。
しかし、生きるためにもっとも大切なことは「今」
のこの時で、「ここ」にあることを心から信じ、覚
悟して生きていくことです。そのために、私たちに
は目を覚ます態度が常に求められているのです。

# 15 赦しが先に

「彼女の多くの罪が赦されたのは、彼女が多くの
愛を示したことで分かる」。(ルカ 7・47)

シモンと他のファリサイ派の人たちは、あること
をすると、報いを得ることができると考えがちで
す。そのため、律法で定められた決まりに従い、多
くを愛し、多くのことをすれば、それだけで多く報
われ、多くを返してもらえるという思いこみを持っ
ています。
　一方、罪の女性の姿は、愛を示したがゆえに、イ
エスに「赦されたこと」で愛が生まれてくることを
表しています。つまり、先に神の赦しと愛というも
のが無償で与えられて、初めて私たちは愛すること
ができるようになり、心から人のために仕えること
ができるようになるのです。

# 16 トマスより幸い

「見ないで信じる人たちは幸いである」。

(ヨハネ 20・29)

　私たちは疑い深いトマスが復活したイエスに出会ったことに対して、どのように感じるでしょうか。うらやましいでしょうか。しかし、イエスは「見ないで信じる人たちは幸いである」と宣言します。この言葉は、まさに私たちに向けられています。なぜなら、私たちの信仰は「見えないもの」を信じることであり、そのことをイエスに「幸い」と言われているからです。

# 17　隣人となる

「わたしの隣人とは誰ですか」。（ルカ 10・29）

　イエスはたとえ話を通してどの解釈にも挑戦し、それを超える答えに相手を導きます。「隣人を愛する」とは、他者を自分の世界に取り込むのではなく、自分の世界から出て、他者の世界に入って、手を差し伸べることです。「だれが周りの人たちの中で私の隣人なのか？」と問うのではなく、周りの人たちにとって、隣人となりましょう。

# 18 神の国とは神が望まれる人間関係

「神の国はあなた方の所にすでに来ている」。
（ルカ 11・20）

　「神の国」というのは、地上の物事を神のまなざ
しで見ること。つまり、神の国は場所的なことでは
なく、状態、生き方なのです。それは人間観、人間
関係に革命をもたらします。人々との日々の関わり
の中で、一つ一つの小さな働きが絶えることなく、
築き上げられます。イエスが説いた神の国、その領
域は人間の経験で神と人との新しい関係の上に基礎
づけられました。人間相互の配慮、同情、許し合い
の実行が促されるのです。

# 19　今という人生の段階

「大地は自ら働き、初めに苗、次に穂、次に穂の中に豊かな実を生じる」。(マルコ4・28)

人生は種がまかれた「土」とその「環境」のようなものです。人生の各段階には、それぞれ特徴があり、それぞれにふさわしい生き方が求められています。今自分はどの段階にいるのでしょうか。そのことを意識しているでしょうか。今、与えられている人生の段階のために準備と心構えを整えましょう。現在の人生の段階は、今しかないからです。

# 20　キリストの映し

「わたしを見た者は、父を見たのである」。
（ヨハネ 14・9）

　キリストが神の啓示であるように、キリスト者は
キリストの啓示だと言っても過言ではありません。
世界に広がるさまざまなキリスト教共同体の中で助
け合う信者を見ることは、目に見えない神の愛の写
しを見ることです。キリスト教について詳しく知ら
ない人の目には、一人ひとりの信者の生き方や態度
にキリストの姿と心の一部分が映ります。目に見え
ない神を信じ、福音の価値観に基づいて証しするこ
とによって、神の愛、赦し、希望が見えるようにな
るのです。

# 21 つかんでくれる方に信頼

「イエスはすぐに手を伸ばしてペトロを捕まえ、……」。（マタイ 14・31）

信頼は人生の基盤です。信頼なくして人間は生きていくことができません。サーカスの空中ブランコが、信頼のすばらしい例を示してくれます。私たちの人生の多くは、ブランコを飛び移るようなものです。鳥のように空を自由に飛ぶのはすばらしいことですが、私たちを捕まえてくれる神がいないなら、私たちがいくら飛んでも何にもなりません。私たちを受け止めてくれる偉大な方を信頼しましょう。

## 22　希望を与える言葉と行為

　「主はこの婦人を見て憐れに思い、『泣くことはない』と仰せになった」。(ルカ7・13)

　この女性は家族を失い、孤独です。すでに主人を亡くし、今や一人息子までも。墓まで歩んでいる静かな群衆は、一人で泣いている母親に従っています。やはり死に対してだれもが黙り込むでしょう。しかし、イエスは言葉によってこの沈んだ絶望的な雰囲気を破ります。私たちは、死者をよみがえらせることはできませんが、日々の出会いの中で、絶望と暗闇を抱えている人々に、寄り添い、希望と慰めの言葉をかけましょう。

## 23　共に食べる

「イエスは弟子たちに仰せになった、『人々を五十人ずつの組にして、座らせなさい』」。(ルカ9・14)

現在、食事をめぐって孤食という現象が問題にされます。孤食というのは家族や友人と一緒ではなく、一人だけでモクモクと食べることです。食における人との交わりや横のつながりが希薄になっています。食事は栄養を摂取するだけの行為ではなく、社交的な次元で人と共に食べる行為です。食事とは参加する者の間の交わりなのです。

# 24 満タンにしよう

「みな眠くなり、そのまま寝込んでしまった」。
（マタイ 25・5）

　生きるためには、「生きがい」というガソリンが
必要です。最初は満タンでも、生きている間に、知
らず知らずのうちに少しずつ減っていきます。人生
にはさまざまな迷いや紆余曲折がありますが、その
度にガソリンが大量に消費されるのです。その時に
気づくことが大切ですが、なくなった時の対応も重
要です。自分の人生に必要なことや欠けているもの
を求め、それらを手に入れた後、再び人生の旅を続
けましょう。

# 25　勇気の発言

「しかし彼女は言った、『主よ、ごもっともです。しかし、小犬も主人の食卓から落ちるパン屑を食べます』」。(マタイ 15・27)

　女性でありながらイエスに大胆にも挑戦しています。男性優位の時代であり、また、異邦人であるという弱さを抱えながら、願い求めているのです。人生には、勇気が必要不可欠です。未知な物事に対して、勇気は必要なものです。疑問に縛られて一歩も進むことができず、間違うことを恐れて、慌ててやめてしまう場合が多いのではないでしょうか。そのため、人生は冒険であり、挑戦であると言っても過言ではないのです。

# 26 疲れた者へ

「労苦し、重荷を負っている者はみな、わたしのもとに来なさい。休ませてあげよう」。

（マタイ 11・28）

人生の旅の途上で、わたしたちは複雑な人間関係に疲れているかもしれません。理解してもらえることは少なく、誤解されることは多く、傷ついて疲れています。人生には山があり谷があり、また波風も立つのです。忙しい日常生活と複雑な人間関係に疲れている私たちは、この機会にイエスのもとで休んでみるのはどうでしょうか。

## 27 語る言葉は人生観のあらわれ

「口は心に溢れることを語るものである」。

（ルカ6・44）

　私たちが日常生活でよく使っている言葉や表現、話のテーマを確認してみましょう。例えば、心からあふれる信仰生活の体験を信者の口はどのような言葉で語るでしょうか。「犠牲、決まり、義務、償い、断食」といった悲観的で受け身の精神を表す言葉でしょうか。それとも、「感謝、喜び、奉仕、愛、許し」など、命につながり、賛美を促す言葉でしょうか。一人ひとり、自問してみましょう。

# 28 人生という土壌

「蒔いているうちに、……」。（マタイ 13・4）

　人生は土壌のようなもので、さまざまな出来事が種としてまかれています。うれしい時もあれば、つらい時もあり、思いがけない出来事もあれば、待ちに待った出会いもあることでしょう。これまで経験してきたすべてから逃げたり、その出来事に縛られたりすることなく、それらをどのように受け入れ、どのように応えるのかが大事です。それによって、皆さんがどれくらい円熟した人格であるのかが分かるのです。

## 29　生きるための糧

「わたしを食べる人もわたしによって生きる」。
（ヨハネ 6・57）

　イエスとの関係は限られた時のみならず、「食べる」と「生きる」という人間にとってなくてはならない行為によって成り立っています。私たちは生物学的な体験に基づいてイエスへの信頼によって養われ、養成されます。毎日という頻度、人生という環境でイエスに支えられ、イエスに変容されるのです。

# 30　支える風

「弟子たちに息を吹きかけて仰せになった、『聖霊を受けなさい』」。（ヨハネ 20・22）

　こいのぼりが空に舞っているのは自分が動いているからではなく、風に動かされているからです。風そのものは見えませんが、風に動かされているこいのぼりは見えるのです。イエスは弟子たちに聖霊を与えます。それはイエスの温かい心から出てくる風、命の息です。イエスが弟子たちに息を吹きかけると、弟子たちは勇気と力をいただきました。私たちも、聖霊を受けています。ですから、私たちも目に見えない聖霊に動かされて、生き生きと生かされているのです。

# 31　あなたも出てくるように

「イエスは大声で、『ラザロ、出てきなさい』と叫ばれた」。（ヨハネ 11・43）

　私たちは、見た目には死んでいないが、生活の中で、人間関係に疲れて、消極的な生き方をしているかもしれません。また、知らず知らずのうちに、周りの人に対して、死人のような冷たい心になっているかもしれません。私たち一人ひとりにも他者との交わりを邪魔している石があるのではないでしょうか。石とは、私たちを縛る嫉妬かもしれません。イエスの言葉は、自己中心やねたみ、嫉妬や怒り、そして、憎しみに縛られてきた私たちを解き放つ呼びかけです。そのような孤立した状態から外に出るようにというイエスの呼びかけなのです。

# 32　イエスの見方

「刈り入れまで、両方とも育つままにしておきなさい」。(マタイ 13・30)

　芸術家は重く固い大理石から気高い彫刻を彫ります。また、何も描かれていない一枚の紙に、美しい絵を描き出すでしょう。同様に、イエスは一人ひとりの奥の奥まで見抜き、どのような過去を持っていても、また偉くても目立たなくても才能がなくても、未来を見つめながら傑作を生み出させてくださるのです。これによって、イエスを信じることのすばらしさが分かります。愛や希望、そして信頼をもたらす豊かな創造力のある信仰心なのです。

## 33　奇跡に参与

　「イエスは仰せになった。『その必要はない。あなた方が、彼らに食べ物を与えなさい』」。
（マタイ 14・16）

　私たちが奇跡を求めるとき、イエスに向かって、それを実現していただくように、懸命に祈ります。しかし、イエスは「任され屋さん」ではなく、「頼み屋さん」です。イエスは、私たちに協力を頼み、奇跡にあずからせてくれます。このようにして、奇跡が起こります。イエスにならって、心の底からの共感をもち、困っている人、自分の周りの人たちに行動と言葉のもてなしをしましょう。

# 34　神からのSNS

「……と書き記されている」。（マタイ4・4、6、7、10）

　イエスは三回も誘惑を受けましたが、三回とも聖書のことばを語ることによって、その誘惑に打ち勝ちました。聖書は、昔の書物でも教会の教科書でもありません。聖書は、語りかける神と私たちをつなぐSNSのようなものです。それによって、私たちは「いま、ここ」で神とつながっているのです。

# 35 あなたはどう言うのか

「イエスは仰せになった、『それでは、あなた方は、わたしを何者だと言うのか』」。（マタイ 16・15）

　例えば夫婦や親しい友人が相手を大切に思う要因は、生年月日や学歴、好きな音楽など表面的なものだけではありません。互いに関わったからこそ、相手の存在を大切にします。それは、関わりを持ち続けながら共に生きていくという人格的な関わりなのです。キリストとの関係もそうです。四つの福音書（マタイ、マルコ、ルカ、ヨハネ）から一つを選んで読みましょう。読書することによって、イエスと出会うことができます。しかも、一対一の出会いなのです。

# 36 皇帝と神のもの

「皇帝のものは皇帝に、神のものは神に返しなさい」。（マタイ 22・21）

銀貨には皇帝の像が刻まれていたので、皇帝のものと考えられていました。しかしイエスは「皇帝のものは皇帝に、神のものは神に」と付け加えることによって、もっと根本的な問いに注目させます。神の像はどこに刻まれているのでしょうか。それは「人間の姿」にあります。創世記に「神はご自分にかたどって人を創造された」とあるからです。つまり、神の像が刻まれた人間は神に帰属するものなのです。私たち一人ひとりに向けられた問いだとも言えるでしょう。

## 37 豊かな生き方

「自分のために宝を蓄えても、神の前に豊かにならない者は、このようになる」。*(ルカ 12・21)*

　生きている間、「自分さえ幸せになれば」というような自己中心的な考え方と周囲を無視する生き方は閉鎖的なものです。この世を去るまでにどれだけモノやお金などを貯めてきたかではなく、例えば手を差し伸べることによって善を積むのは、神の前に豊かになる者の生き方なのです。

# 38　尽くすこと

「心を尽くし、精神を尽くし、思いを尽くして
……」。(マタイ22・37)

　愛の掟を口先ではなく実践しようとすると、心も
精神も思いも関わることになります。日常生活にお
いて、「愛する」掟は挨拶や笑顔、心配りや相手を
大切にすることを通して実現されます。形あるもの
にするために、心や精神、そして思いを尽くすこと
が必要です。マザーテレサは「大切なのは、どれだ
けたくさんのことをしたかではなく、どれだけ愛を
込めたか」と言いました。神と隣人への愛を実践す
ることは、真剣勝負なのです。

# 39　夢

「ヨセフは眠りから覚めると、主の使いが命じた
とおり、彼女を妻として迎え入れた」。(マタイ1・24)

　夢は不思議な経験です。夢は希望にあふれて、将
来に向かって積極的にやる気を与える経験ではない
でしょうか。皆さんは、自分の人生について夢を見
ているのではないでしょうか。太陽は東から昇り、
新しい日が始まります。私たちは、与えられた一日
に対して、その夢に向かって歩き始めるのを実現す
ることもできます。眠っている間に見た夢は、眠り
から覚めると無くなるのではなく、実現されつつあ
るのです。

# 40　聴き従う

　「これはわたしの愛する子、わたしの心にかなう
者。彼に聞け」。(マタイ 17・5)

　「聞く」ことは、単に耳で相手の声を聞くという
意味だけではなく、聖書でよく用いられる表現であ
る「聞き従うこと」や「聞いて実行すること」とい
う行動を伴う姿勢でもあります。聞き従う人は、耳
で聞くだけではなく、目でも見ています。鋭い視線
で眺める者です。イエスの足跡を目で確認し、み言
葉を聞くために耳を澄ましているのです。

# 41 そのまま

「イエスは、旅に疲れて、井戸の傍らに腰を下ろしておられた」。（ヨハネ4・6）

　私たちは人生の旅において、福音の価値観に忠実に生きる難しさと複雑な人間関係に悩まされています。理解してもらえることが少なく、反対に誤解されることが多いため、傷つき疲れています。イエスは人間になられたことによって、人生の旅という時間の流れに身を置きました。イエスは私たちの日常の中に入って、井戸のそばに座りました。私たちの傍らに寄り添い、共に労苦を分かち合うための旅の途中で、イエスも疲れてきたのです。

## 42　髪の毛一本でさえ

　「あなた方は、髪の毛までもみな、数えられている」。(マタイ 10・30)

　この言葉から、私たちの「わずかなこと」でさえも、神がご存じである、ということが分かります。それぐらい、神は私たちのことを大切にしてくださっています。さらに、髪の毛の数さえも知っている神なのだから、私たち一人ひとりのことを、どれほど細かく理解することでしょう。いつもそばにいてくださるという信頼からくる「安心感」を常に持ち合わせていたいものです。

# 43 人間として生きる栄養

「わたしが命のパンである。わたしの所に来る者は、決して飢えることがなく、わたしを信じる者は、もはや決して渇くことがない」。（ヨハネ6・35）

パンや米といった食糧があると、私たちは生きることができますが、それだけでは人間として生きることができません。この世に生まれてきた一人の人間としての尊厳も養い、育むことが大切です。私たちは人生において価値を見いだすことができるもの、すなわち生きる喜びや生きがいを求めているからです。キリストがその飢え渇きを満たす栄養なのです。

# 44 行動すること

「また弟子であるという理由で、これらの小さい者の一人に、冷たい水の一杯でも与える者は、必ずその報いを受ける」。(マタイ 10・42)

　暑い季節に、頼まれなくても冷たい水を自ら進んで一杯飲ませてあげることは、ごく普通のことであり大したことではありません。しかし、イエスにふさわしい弟子、つまりキリスト者としてふさわしい行いをするのは難しいことです。なぜなら、それはイエスに祈ることではなく、イエスのようにふるまうことを意味するからです。そして、イエスのようにふるまい、他者を気遣おうとする心構えは、冷たい水一杯を通して表されるのです。

# 45 生命力である聖霊

「その方は聖霊によって洗礼をお授けになる」。
（マルコ1・8）

　「聖霊」というのは、もともと「息吹き」とか「生命力」という意味で、神の恵み、神の助けをいただきながら、神の命にあずからせるもの、ということです。神がその人の生活の中に存在し、共に歩いてくださいます。神が私たちの中に生き、私たちも神の中に生きる、というのは能動的でダイナミックなもので、自動的ではありません。本人が協力しない限り、聖霊の恵みはそのまま、待機状態、スタンバイの状態なのです。

# 46　ファイト

「イエスは四十日の間そこに留まり、サタンによって試みられ、野獣とともにおられたが、み使いたちがイエスに仕えていた」。(マルコ1・13)

私たちは思いがけない出来事に遭遇したり、複雑な人間関係に悩んだりといった「野獣」に囲まれています。しかし、この現実は、すべてではありません。「野獣とともにおられたが、み使いたちがイエスに仕えていた」。それは私たちの現実にも当てはまります。毎日でも誘惑を受け、引っ込み思案になりがちな私たちへの応援の言葉です。それによって、「誘惑」というより、原文の言葉の意味により忠実な「戦う、ファイトする」という前向きな姿が出てくるのです。

# 47 神の命にあずかる

「神は独り子をお与えになるほど、この世を愛された。独り子を信じる者が一人も滅びることなく、永遠の命を得るためである」。(ヨハネ3・16)

　神は愛の神だから、ご自分を陥れようとしている相手に対して、ご自分を愛するように強要したり、無理やり回心させることはありません。それどころか、その愛を見せるために、まったく抵抗せず、弟子からさえも見捨てられるほど弱い方法を選びました。その目的は命、永遠の命にあずからせるためです。神が人間になられたわけは、人間が神の命にあずかるためですが、それは努力や報いではなく、贈り物です。それに対する私たちの応えは、それを認め、受け入れることだけなのです。

# 48 奉仕する

「イエスは近寄り、手をとって起き上がらせた。
すると熱が引き、姑は一同をもてなした」。

（マルコ 1・31）

「もてなす」という動詞は、ギリシヤ語では「仕
える、奉仕する」と同じ意味の単語でもあります。
さらに、この単語は、マルコ福音書の中で、イエス
自身の生き方を表す言葉「人の子は仕えられるため
ではなく仕えるために」として、また弟子たちの生
き方を指し示す言葉として、非常に重要です。つま
り、元気になったペトロの姑は、イエスと同じよう
に「愛と奉仕に生きる者」になっていった、と言っ
てもいいでしょう。

# 49　祈りの中

「イエスは、朝早く、まだ暗いうちに起きて、人
里離れた所に出かけ、そこで祈っておられた」。
（マルコ 1・35）

　祈っているイエスの姿は私たちにさまざまな行動
の選択を教えてくれます。例えば自分自身の置かれ
ている現状を読み解くため、また、抱えている課題
を解決するため、祈りの中でイエスにならい見極め
る方法があります。それは「この私に神が望んでお
られるのは、何か」という問いかけです。それは一
人ひとりが祈りの中で、沈黙のうちに語りかける神
のみ言葉として受け取ることなのです。

# 50 ケアするイエス

「イエスは憐れに思い、手を差し伸べて、その人に触り、『わたしは望む、清くなれ』と仰せになった。すると、たちまち重い皮膚病が治り、その人は清くなった」。（マルコ1・41―42）

「憐れに思い」という動詞は、上から人を見下すような憐れみではなく、相手の痛みを腹の奥で感じる共感を意味しています。イエスは「その人に触り」ます。当時、病気の人たちは汚れがあると見なされて、社会から追放され、律法によって接触が禁止されたものでした。これらの行為は、まさに困難の中にいる人々への愛の配慮であり、ケアの手を差し伸べている姿なのです。

# 51　ガンバレ

「狭い門から入るように努めなさい」。

（ルカ 13・24）

　イエスの説いた福音の特徴の一つは、「現在は救いの訪れの時」という見方です。生きている間のその時どきが、救いを受け入れるか断るかの決断の時となっています。「いま、ここ」が救いへの呼びかけに肯定的に応える場面。ですから、「努めなさい」という言葉を忠告、励ましの掛け声として受け止めましょう。

# 52　触れられた

「イエスは、ご自分に触れた者を見ようとして、辺りを見回された」。(マルコ5・32)

イエスの宣教活動には、群衆はつきものでした。その中の、かなりの人数が、きっとイエスに触れたと思われますが、別に何も起こりません。後ろから、指先しか届かない一人の女性がこっそりイエスの服の裾に触れます。イエスを見ると、神は、細かいことにこだわる方のようにも思えます。もっとも小さく、素朴なことを好み、隠れた行いにも、注意を払うイエスの姿を見ることができます。

## 53 解放されるコミュニケーション

「するとただちに、耳は開け、舌のもつれは解け、はっきり口がきけるようになった」。（マルコ7・35）

誰でも経験があると思いますが、本当のコミュニケーションが取れないことがあります。私たちは、「きつい」と叫びたいのに「大丈夫」と言います。相手の反応を恐れて、本当の自分を見せられない時だって、何度も経験していることです。「聞いてほしい」、「助けてほしい」という叫びを出せないでいる状況です。イエスはこの私たちに「エッファタ」と宣言するのです。

## 54　あなたにとってイエスって？

「イエスはお尋ねになった、『それでは、あなた方はわたしを何者だと言うのか』」。(マルコ8・29)

　洗礼を受けるにあたって、それぞれのきっかけと動機があります。それによって、キリストに従っていこうと決めて、歩み始めたはずです。歩くうちに、それぞれの動機が清められ、熟していきます。イエスに従っていくことは、イエスについて勉強して覚えた知識を、誰かに報告することだけではなく、イエスとの関係を重視し、生活の中でイエスに従って生きること。その環境の中で信仰も育っていくのです。

# 55 赦すこと、手放すこと

「一人の王が僕<ruby>僕<rt>しもべ</rt></ruby>たちと貸借金の決済をしようとした」。（マタイ 18・23）

　私たちはさまざまな人に、「借金」を重ねて生きていると言っても過言ではありません。この世に生まれて今まで、両親をはじめ、家族、友人など、多くの方々と関わり、大変お世話になって生きています。もしも、決着のついていない人間関係があれば、そのわだかまりを一切残さないように努めることが大切です。自分を傷つけた人に対して、今でもその人に対して赦せない気持ちがありませんか。このような振り返りは、人生の中での関わった人々との間に、心安らかな関係を保つことを可能にするのです。

# 56 手入れ

「わたしの後に従いたい者は、自分を捨て、自分
の十字架を担って、わたしに従いなさい」。
（マルコ 8・34）

　目的、目標を達成するために、その過程を歩きな
がら、努力によって目指したものを獲得することは
できるでしょう。しかし、イエスの言葉は「捨てる
こと」。身近な生け花に例えましょう。汚い葉や余
計な枝を落としますね。そして質素で、素朴な生け
花ができ上がります。日本の美。一輪、一輪は剪定
することによって傑作になる可能性があります。で
すから、それを生かすために、まず、剪定し、捨て
ること、取り除くことが必要なのです。

# 57　現場のただ中

　「イエスは、ガリラヤの湖のほとりを通られたとき、シモンとシモンの兄弟アンデレが湖で網を打っているのをご覧になった。彼らは漁師であった」。

（マルコ1・16）

　ペトロとアンデレにとって、ガリラヤ湖は日常の舞台で、網を打つことが彼らの仕事でした。そのような彼らの生活の場に入ってきたイエスがその場で、しかも仕事の最中に彼らに呼びかけます。特別な場所と体験ではなく、ごく普通の「毎日」の中で、「慣れた」仕事をしている中で、「わたしに従いなさい」と言われました。日々の暮らしは、イエスからの呼びかけを聴く環境と機会なのです。

# 58 共におられる神

「見よ、おとめが身籠って男の子を産む。その名はインマヌエルと呼ばれる。この名は、『神はわたしたちとともにおられる』という意味である」。
（マタイ 1・23）

「神を信じる」、「信仰を持っている」というときの神は、「いつも一緒にいてくださる神」であり、「いつでも相手をしてくださる神」なのです。キリスト者の信仰する神の存在は、死ぬ間際に安心するためだけではなく、生きている間の支えであり、人生の羅針盤の役目を果たしてくれます。神には、限られた営業時間などありません。1 年 365 日、年中無休で、私たちの人生に同行し、付き添う方なのです。

# 59　イエスの光

「み言葉の内に命があった。この命は人間の光で
あった。光は闇の中で輝いている」。

（ヨハネ 1・4）

　真っ暗な中、ささやかな炎が見えてきて、暗がり
が照らされます。闇が深ければ深いほど、ささいな
炎でも十分周りが見えるようになります。光は決し
て偶然ではありません。闇の中に輝く光がある理由
は、誰かが私たちを迎えに来てくれたということで
す。イエスは、私たちが闇を怖がらないように、神
によってともされた光です。そして、イエスの光は、
愛と同じく温かいものなのです。

# 60　平和の職人

「平和をもたらす人は幸いである。その人たちは神の子と呼ばれる」。(マタイ5・9)

　聖書における「平和」の意味は、神からの贈り物で何かが欠如したり、損なわれたりしていない充足状態を指す言葉であり、そこからさらに人間の生涯にわたっての、真に望ましい状態を意味する言葉です。平和は、人間における健康、繁栄、安全というような、広い意味を表します。イエスがわたしたちに実現してほしいと願う「平和」の意味が凝縮されたものです。平和を「実現する人」が幸いというのは、平和の職人であるようにという招きなのです。

# 61　降誕祭

「ヨハネはイエスが自分の方へ来られるのを見て、
……」。（ヨハネ1・29）

　「自分の方へ来られる」という表現は、クリスマ
スの出来事を思わせます。イエスご自身が私たちの
方に来られたため、「主の降誕祭」と名付けられて
います。日常生活は、イエスに出会う機会であり空
間でもあります。特別な体験や場所を求める必要は
ありません。日々の暮らしの中で、周囲に目を凝ら
すことが大切です。出会いや経験、出来事などは、
必ず自分の方にやって来るからです。

# 62　イエスが一番

　「彼らもただちに、舟と父を後に残して、イエスに従った。」（マタイ4・22）

　「残す」という動詞の訳ですが、原文では「置いておく」という意味があります。このような意味合いから考えると、網や船、さらには父親を残してまでもイエスに引き寄せられている、すなわち、すべてを置いてイエスを一番とするペトロたちの姿があることが分かります。一番価値のあるものを見つけると、他のものは二番目になります。キリストに従う者にとって、人生におけるすべての中でイエスが頂点に立っているのです。

# 63 「私たちの糧を」

「今日の糧を今日お与えください」。
（マタイ6・11A）

　私たちにとって毎日必要で欠かせないものは、身体を養う食べ物とともに精神的・霊的な糧です。糧は、人生の意味を与えてくれる食べ物になります。健康や住まい、仕事などがその象徴です。さらに、この世に生まれてきた一人の人間としての尊厳も養い、育むことが大切です。人間としての尊厳を保つために、体の糧と心の糧がどちらも必要です。私たちはそのどちらにも養われているからです。

# 64 放つこと

「あなた方の光を人々の前に輝かせなさい」。
（マタイ5・16）

　光は、自分のためではなく周囲を照らすために輝いています。周囲を照らすことで、周りの物事の存在と位置が見えるようになるのです。春の季節になりますと、つぼみはじっと閉じこもっているばかりではなく、だんだん膨らんでいきます。香りを周りに放つのは、「花」にとっては当然のことです。同じように、キリスト者が隣人を大切にすることも当然。キリストに倣っているからです。

# 65 行為に潜在するもの

「わたしが律法や預言者たちを廃止するために来たと思ってはならない。廃止するためではなく、成就するために来たのだ」。(マタイ 5・17)

律法を「完成する」ことは、律法に定められた行為のみを果たすのではありません。行為に欠かせない他の次元も伴う必要があります。例えば、「どれぐらい心を込めたか」や「本当に自由意志なのか」、そして「どのような動機に基づいているのか」ということです。このような次元に私たちの行為は問われているのです。

# 66　今年も

「園丁は答えた。『ご主人さま、今年もう一年、このままにしておいてください。木の周りを掘って、肥料をやってみます』」。(ルカ 13・8)

　実のないイチジクと自分を同一視している人は少なくないかもしれません。親として子どもに対して「自分育ても子育てもまだ十分に努力できていない」と自らを責めているかもしれません。または社会人として、人生の道を歩む上で十字路に立っていて、決めかねているかもしれません。「この仕事でいいのかな、転職した方がいいかな」と。しかし、園丁の気遣いと関わりには、現状では眠っている将来のための可能性があるというメッセージがこめられているのです。

# 67 敵という先入観

「あなた方の敵を愛し、あなた方を迫害する者のために祈りなさい」。(マタイ5・44)

「敵」のイメージは、武器を持って私たちを襲い、殺そうとしている人のことでしょうか。私たちは、自身の先入観や都合で、相手に「敵」というレッテルを張っているのではないでしょうか。「敵」は、相手の性格や文化、違う意見などといったさまざまな理由から生まれます。私たちは自分でつくった「敵」を愛するように呼ばれています。それによって私たちの先入観も偏見も変わっていくのです。

# 68　今日は応える日

　「イエスはそこを通りかかると、見上げて仰せに
なった、『ザアカイ、急いで下りて来なさい。今日、
わたしはあなたの家に泊まるつもりだ』。ザアカイ
は急いで下りて来て、喜んでイエスをお迎えした」。
（ルカ 19・5—6）

　イエスは無名の群衆に囲まれても個人の名前を口
にし、一対一の出会いを大切にし、顔と顔を合わせ
て対話を求めます。ザアカイは積極的にその呼びか
けに応え、急いで降りて来て、喜んでイエスを迎え
ました。「急いで」、なんと生き生きとしていて、ダ
イナミックな応えでしょう。速度のことではなく心
の動き、いのちの鼓動なのです。私たちも置かれて
いる場所で、「今日」イエスからの呼びかけに応え
るようにしましょう。

# 69　魔法ではなく接触

　「そこで、イエスはその人を群衆から連れ出し、離れた所でその両耳に自分の指を差し入れ、またご自分のつばをつけてその舌に触れ、……」。

（マルコ7・33）

　耳と口は周囲の世界と接触するための関係作りができる、いわば、人間同士のコミュニケーションのための二本の柱です。この人は、コミュニケーションが不自由だと明らかです。

　それは社会的に孤立していることを意味しています。イエスによる治療は、ちょっと荒っぽい方法のように見えますが、直接触れて治してくれるイエスの方法は、実際に触れるところから始まるので、魔法ではなく、一対一の接触、出会いなのです。

# 70　祝福をいただく

「イエスは、弟子たちをベタニアの近くまで連れていき、両手を上げて彼らを祝福された」。
（ルカ 24・50）

ちょっとした失敗、事故、自然災害、病気など、このようなできごとに対して、私たちは自分がダメで、罰があたったんだと考えがちです。自分自身を呪われた生活をおくっているもののように考えてしまうことは、絶え間なく起こってくる誘惑です。私たちの人生は呪いでいっぱいだと考えることへの誘惑はさらに大きなものとなります。イエスは私たちを祝福するために来ました。私たちはその祝福を選んで自分のものとして受け入れ、それを他の人々に伝えてゆくことが大切なのです。

# 71 豊かな命

「わたしが来たのは、羊に命を得させ、しかも、豊かに得させるためである」。(ヨハネ 10・10)

「救い」は死にそうな状態から救助されることと考えがちですが、命が開花し、豊かになるという、より前向きな見方もあります。この見方で考えてみると、救いは豊かな命を意味し、それはこの地上にいる間の贈り物であり、信仰生活のための支えではないでしょうか。したがって、イエスが私たちのために望まれる幸せと豊かな命を信じ、味わい、実感する時こそ、救いの体験と言えるのです。

# 72 キリストの道

「わたしは道であり、……」。(ヨハネ 14・6)

　キリスト者は、キリストに従う者であり、キリストの道を歩んでいくという意味です。
　「道」というイメージから、動きと過程の進行を思い浮かべることができます。歩みを進める上で、山もあり谷もあり、波風も立ち、また出発点と目的地の間にある空間と距離などもあるでしょう。キリスト教を信仰するとき、まずその精神に心を打たれて、実践するように促されて、体を動かすことが大切です。つまり、信仰するにあたり、心も体も積極的に関わるようにする、ということなのです。

# 73 「人生に気をつけて」

「イエスは使徒たちに仰せになった、『さあ、あなた方だけで人里離れた所に行き、そこでしばらく休みなさい』」。(マルコ6・31)

「人生に気をつけて」とは、一度も聞いたことがないと思います。しかし、健康や体と同じように、人生にもきっと浮き沈みが多いはず。大丈夫な状態にいる時もあれば、力のないときもあるでしょう。前向きな時期は、続くとは限りません。ですから、「体に気をつけて」と同じように、「人生に気をつけて」というイエスからの優しいお勧めを心に留めて休み場を見つけましょう。

# 74　人生の途上に

「まず座って」(ルカ 14・28)

　この世に誕生したことによって人生の旅が始まっています。その時から私たちは人生の道を何キロも進み、何年もの月日を経てきたことでしょう。人生の中で、仕事、結婚、進学、入信のような重大な決断をしてきました。それらの決断について定期的に腰を据えて考え、振り返り、顧みることが大切です。なぜなら動機づけと目的、その心構えと関わり合いが更新されることになるからです。人生の節目の時だけではなく、日常生活の中でも、「座る」時間と場所を探し、作り出すことが必要です。

# 75　共に嵐のただ中

　「弟子たちは群衆を後に残して、イエスを舟に乗せたままお連れした。……。すると、激しい突風が起こり、波が船の中まで襲いかかり、舟は水浸しになった」。(マルコ4・36 − 37)

　イエスが私たちに教えてくれた神は、人間になり「私たちと共におられる神」です。実際、イエスは浜辺に立って遠くから嵐に遭っている弟子たちを見ているのではなく、「船に乗ったまま」です。つまり、嵐のただ中にいる弟子たちのそばにいてくれる存在です。キリストへの信仰は、「人生の試練から免れられる」という約束ではなく、「人生の試練の中で共におられるイエス」を信じることなのです。

# 76 喜び

「一緒に喜んでください」。(ルカ 15・6、9)

　喜びがキリスト者の特徴になったら、周りにいる
人たちにどのような印象を与えるでしょう。「どう
してこんなに明るい顔をしているのかなあ」とか、
「どこからこの喜びが来るのだろうか」と思われる
かもしれません。そのような質問に対して、このよ
うな答えはどうですか。「私たちは神に愛されてい
るからです。私たちの価値や業績や長所に関わりな
く、私たち一人ひとりの愛の必要に応じて神が慈し
みを注いでくださっているからです」と。

# 77　毎日の糧

「今日の糧を今日お与えください」。

（マタイ6・11B）

　毎日必要なもので、それがなければ生きていけないもの。つまり、心も体も養う糧です。食べ物があると生き延びることができますが、それだけでは人間として生きるために足りないでしょう。人間としての糧は、それは人生の意味と生きがいをくれる糧です。糧は人間にとって欠かせないもので、毎日それを与えられるように祈るのです。

# 78 愛を受け、愛を伝える

「わたしがあなた方を愛したように、あなた方も互いに愛し合いなさい」。(ヨハネ 13・34)

　キリスト者にとって純粋な愛の原動力はイエスです。愛の模範はイエスが示した人々への愛です。イエスに愛されている体験をしたからこそ、今度は私たちがその愛を手本にしてイエスの愛のパイプとなって働き、その愛を運ぶのです。

## 79　私への呼びかけ

「イエスは彼らに向かって話し始められた、『この聖書の言葉は、あなた方が耳にしたこの日、成就した』」。(ルカ 4・21)

聖書読書は人生や世界の問題のための処方せんではありません。しようとしていることやすべきものに対して本人の代わりをしてくれるわけでも、抱えている問題を解決してくれるわけでもありません。聖書の言葉は「いま、ここ」にいる私への呼びかけです。この関係は対話への招きから始まります。聞くことによって関わりを促し、置かれている状況で実行するところまで導くのです。

# 80 また、チャンスはある

「今日、あなたはわたしとともに楽園にいる」。
（ルカ 23・43）

　イエスは、息をひきとる直前に救いを求めている
犯罪人に、遅すぎることはないと激励し、温かいま
なざしで応えています。イエスにとって人生は単な
る「生まれ、大きくなり、働き、年老いて、死ぬ」
という自然の流れにすぎないというのではありませ
ん。人生は回心ができるチャンスの連続です。また、
救いはやってきても、いろいろなことで、そのチャ
ンスを見逃してしまった場合、また別のチャンスが
与えられ、回ってくるのです。

## 著者略歴

**レナト・フィリピーニ　(Renato Filippini)**

| | |
|---|---|
| 1970 年 | 北イタリア・ゲーディ出身 |
| 1990 年 | 聖ザベリオ宣教会入会 |
| 1992 年 | アメリカ・シカゴのCatholic Theological Union入学<br>(神学専攻) |
| 1997 年 | 聖書学修士号取得、司祭叙階<br>同年に来日後、鹿児島教区、福岡教区、高松教区で司牧 |
| 2017 年 | ローマ教皇庁立サレジオ大学大学院にて信仰教育学専攻（修士） |
| 現在 | 福岡市、大濠カトリック会館宣教養成センター長 |

## 著書

『イエスの教えてくれた祈り―「主の祈り」を現代的視点から』
(カルロ・マリア・マルティーニ著／篠崎榮共訳)
『イエスとの出会い―その喜びを味わう』Lectio divina Series 1
『詩編を祈る―人間の経験から生まれる詩』Lectio divina Series 2
『日々の暮らしの中で―信仰を育て実践する』Lectio divina Series 3
『現場から現場へ―宣教司牧の気づき』（以上、教友社)
『聖週間を生きる―毎日の黙想：受難と復活節の人物と共に』（女子パウロ会)
『主日の福音を生きる（C年）―日々の生活をみことばとともに―』
『主日の福音を生きる（B年）―日々の生活をみことばとともに―』
『主日の福音を生きる（A年）―日々の生活をみことばとともに―』
水がめを運ぶ七人の信徒共著　（以上、サンパウロ)

「レナト神父のブログ」「レナト神父 (Facebook)」で検索

※聖書の引用は、フランシスコ会聖書研究所訳注『聖書原文校訂による口語訳』（サンパウロ）を使用させていただきました。

## 「今日」というチャンスを生きる
### あなたに届くイエスの福音

著　者 —— レナト・フィリピーニ

発行所 —— サンパウロ

〒160-0011　東京都新宿区若葉 1 - 16 - 12
宣教推進部（版元）　　　Tel.（03）3359 - 0451　Fax.（03）3351 - 9534
宣教企画編集部（編集）　Tel.（03）3357 - 6498　Fax.（03）3357 - 6408

印刷所 —— 日本ハイコム ㈱

2024 年 1 月 15 日　初版発行